AS LEIS
FUNDAMENTAIS
DA ESTUPIDEZ
HUMANA

CARLO M. CIPOLLA

AS LEIS FUNDAMENTAIS DA ESTUPIDEZ HUMANA

Tradução
Edmundo Barreiros

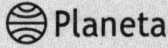

Copyright © Carlo M. Cipolla, 2011
Copyright © Editora Planeta do Brasil, 2020
Título original: *The Basic Laws of Human Stupidity*
Todos os direitos reservados.

Preparação de texto: Vivian Matsushita
Revisão: Nine Editorial e Diego Fraco Gonçales
Diagramação: Triall Editorial
Capa: André Stefanini
Imagem de capa: Rijksmuseum

Dados Internacionais de Catalogação na Publicação (CIP)
Angélica Ilacqua CRB-8/7057

Cipolla, Carlo M., 1922-2000
  As leis fundamentais da estupidez humana / Carlo M. Cipolla; tradução de Edmundo Barreiros. – São Paulo: Planeta, 2020.
  96 p.: il.

ISBN: 978-85-422-1908-1

1. Estupidez 2. Civilização 3. Literatura italiana – Ensaios I. Título II. Barreiros, Edmundo

20-1385   CDD 854.914

Ao escolher este livro, você está apoiando o manejo responsável das florestas do mundo

2025
Todos os direitos desta edição reservados à
EDITORA PLANETA DO BRASIL LTDA.
Rua Bela Cintra 986, 4º andar – Consolação
São Paulo – SP CEP 01415-002
www.planetadelivros.com.br
faleconosco@editoraplaneta.com.br

Sumário

Nota do editor	7
De Mad Millers para o leitor	11
Introdução	15
Capítulo I A Primeira Lei Fundamental	21
Capítulo II A Segunda Lei Fundamental	27
Capítulo III Um interlúdio técnico	37
Capítulo IV A Terceira Lei Fundamental (de Ouro)	45
Capítulo V Distribuição de frequência	51
Capítulo VI Estupidez e poder	59
Capítulo VII O poder da estupidez	65
Capítulo VIII A Quarta Lei Fundamental	71
Capítulo IX Macroanálise e a Quinta Lei Fundamental	77
Apêndice	87

Nota do editor

Escrito originariamente em inglês, *As leis fundamentais da estupidez humana* foi publicado pela primeira vez em 1976 em uma edição numerada e particular sob o selo editorial improvável "Mad Millers".

O autor acreditava que seu ensaio curto só podia ser plenamente apreciado na língua em que tinha sido escrito. Consequentemente, recusou por muito tempo que ele fosse traduzido. Só em 1988 ele aceitou a ideia de publicação em uma versão italiana como parte de um volume intitulado *Allegro ma non tropo*, junto ao ensaio "Pepper, Wine (and Wool) as the Dynamic Factors of the Social and Economic Development of the Middle Ages" (em tradução livre, "Pimenta, vinho [e lã] como os fatores dinâmicos do desenvolvimento social e econômico da Idade Média"), também escrito originariamente em inglês e publicado em edição particular pelo selo Mad Millers para o Natal de 1973.

Allegro ma non tropo foi um best-seller tanto na Itália quanto em todos os países onde houve edições traduzidas. Entretanto, com uma ironia que o autor dessas leis teria apreciado, ele nunca foi publicado na língua em que foi escrito.

Assim, quase um quarto de século desde a publicação de *Allegro ma non tropo*, esta é, na verdade, a primeira edição que torna disponível *As leis fundamentais da estupidez humana* em sua versão original.*

---

* Portanto, o que o leitor tem em mãos é a primeira tradução em português brasileiro a partir do original em inglês. [N.T.]

De Mad Millers
para o leitor

A edição particular de 1976 foi precedida pela seguinte nota do editor escrita pelo próprio autor:

O selo Mad Millers imprimiu apenas um número limitado de exemplares deste livro que se destina não a pessoas estúpidas, mas àqueles que, eventualmente, precisam lidar com essas pessoas. Acrescentar que nenhum daqueles que vai receber este livro situa-se em uma área ao sul do gráfico básico (Figura 1) é, portanto, um trabalho de supererrogação. Entretanto, como a maioria dos trabalhos de supererrogação, é melhor que seja feito que não feito. Pois, como disse o filósofo chinês: "A erudição é a fonte da sabedoria universal, mas isso não impede que ela seja causa eventual de mal-entendidos entre amigos".

Introdução

Os assuntos humanos estão, sabidamente, em um estado deplorável. Isso, porém, não é novidade. Até onde temos conhecimento, os assuntos humanos sempre estiveram em um estado deplorável. O fardo pesado dos problemas e das desventuras que os seres humanos devem carregar como indivíduos, assim como membros de sociedades organizadas, é basicamente um subproduto do jeito mais improvável – e eu ousaria dizer, estúpido – com que a vida se estabeleceu em seus primórdios.

Graças a Darwin, sabemos que compartilhamos nossa origem com os membros inferiores do reino animal, e minhocas, assim como elefantes, têm de suportar sua cota diária de problemas, situações desagradáveis e provações. Seres humanos, porém, são privilegiados ao ponto de terem de carregar um fardo extra – uma dose a mais de tribulações originadas diariamente por um grupo de pessoas no interior da própria raça humana. Esse grupo é muito mais perigoso que a máfia, o complexo industrial-militar ou o comunismo internacional – é um grupo desorganizado e não regulamentado, sem chefe, sem presidente e sem estatuto, e ainda assim consegue operar em perfeito uníssono, como se fosse guiado por uma mão invisível, de modo que a atividade de cada membro contribui fortemente para reforçar e amplificar a efetividade da atividade de todos os outros. A natureza, a personalidade e o comportamento dos membros desse grupo são o tema das páginas seguintes.

Deixe-me observar neste ponto que, da forma mais enfática, este livrinho não é nem produto de cinismo nem um exercício de derrotismo – não mais que um volume sobre microbiologia. As páginas a seguir são na verdade o resultado de um esforço construtivo para detectar, conhecer e assim possivelmente neutralizar uma das forças sombrias mais poderosas que impedem o crescimento do bem-estar e da felicidade humanos.

Capítulo I

A Primeira Lei Fundamental

A Primeira Lei Fundamental da Estupidez Humana declara sem ambiguidade que

"Todo mundo subestima, sempre e inevitavelmente, o número de indivíduos estúpidos em circulação."*

A princípio, a afirmação parece trivial, vaga e absolutamente nada generosa. Um escrutínio mais atento, entretanto, revela

---

* As pessoas que compilaram o Antigo Testamento conheciam a Primeira Lei Básica e a parafrasearam quando afirmaram que *"stultorum infinitus est numerus"*, mas se permitiram um exagero poético. O número de pessoas estúpidas não pode ser infinito porque o número de pessoas vivas é finito.

sua veracidade realista. Por mais altas que sejam as estimativas de um indivíduo em relação à estupidez humana, ele se espanta repetida e recorrentemente com o fato de que:

a) Pessoas que se julgavam ser racionais e inteligentes se revelam escancaradamente estúpidas.
b) Dia após dia, com uma monotonia incessante, as pessoas são perturbadas em suas atividades por indivíduos estúpidos que aparecem de repente e de forma inesperada nos lugares mais inconvenientes e nos momentos mais improváveis.

A Primeira Lei Fundamental impede que eu atribua um valor numérico específico para a fração de pessoas estúpidas presentes entre a população total: qualquer estimativa numérica seria uma subestimação. Por isso, nas páginas a seguir, vou representar pelo símbolo σ a fração de pessoas estúpidas presentes em uma população.

Capítulo II

A Segunda Lei Fundamental

Tendências culturais atualmente em voga no Ocidente favorecem uma abordagem igualitária da vida. As pessoas gostam de pensar nos seres humanos como o resultado de uma máquina de produção em massa com engenharia perfeita. Em especial, geneticistas e sociólogos fazem de tudo para provar, com um aparato impressionante de fórmulas e dados científicos, que todos os homens são naturalmente iguais, e se alguns são mais iguais que os outros, isso é atribuído à sua criação, não à natureza.

Eu discordo dessa visão geral. É minha convicção firme, apoiada por anos de observações e experimentação, que os homens não são iguais, que alguns são estúpidos e outros não são, e que a diferença é determinada pela natureza e não por forças ou fatores culturais. Uma pessoa é estúpida da mesma forma que outra é ruiva; pertence-se ao conjunto de estúpidos da mesma maneira que se pertence a um grupo sanguíneo. Um homem estúpido nasce um homem estúpido por obra da Providência.

Embora convencido de que a fração σ de seres humanos é estúpida e que eles são assim devido a características genéticas, não sou um reacionário tentando introduzir de forma sub-reptícia discriminação por classe ou raça. Acredito firmemente que a estupidez é um privilégio indiscriminado de todos os grupos humanos e é distribuída de maneira uniforme de acordo com uma proporção constante. Esse fato é expresso de modo científico pela Segunda Lei Fundamental, que afirma que

"A probabilidade de determinada pessoa ser estúpida independe de qualquer outra característica dessa pessoa."

Nesse ponto, a natureza parece ter realmente se superado. É sabido que a natureza consegue, de forma bastante misteriosa, manter constante a frequência relativa de certos fenômenos naturais. Por exemplo: se os homens proliferam no Polo Norte ou no Equador; se os casais formados são desenvolvidos ou subdesenvolvidos; sejam negros, vermelhos ou amarelos, a proporção de mulheres para homens entre os recém-nascidos é uma constante, com um predomínio leve de homens. Nós não sabemos como a natureza alcança esse resultado incrível, mas temos conhecimento que, para alcançá-lo, ela precisa operar com números grandes. O fato mais notável em relação à frequência da estupidez é que a natureza consegue tornar essa frequência igual à probabilidade σ de forma bastante independente do tamanho do grupo. Por isso encontra-se o mesmo percentual de pessoas estúpidas quando se leva em consideração grupos muito grandes ou se lida com grupos muito pequenos. Nenhum outro conjunto de fenômenos observáveis oferece prova tão cabal dos poderes da natureza.

A prova de que a educação não tem nada a ver com a probabilidade σ foi fornecida por experimentos realizados em um grande número de universidades por todo o mundo. É possível distinguir em cinco grupos principais a população composta que constitui uma universidade, sendo esses os trabalhadores manuais, os funcionários burocratas, os alunos, os administradores e os professores.

Sempre que analisei os trabalhadores manuais descobri que a fração σ deles era estúpida. Como o valor de σ era mais alto do que eu esperava (Primeira Lei), paguei meu tributo às tendências e pensei, a princípio, que a segregação, a pobreza e a falta de educação eram as responsáveis. Mas, ao subir a pirâmide social, descobri que a mesma proporção era dominante entre os funcionários burocratas e entre os alunos. Ainda mais impressionantes foram os resultados entre os professores. Considerando-se uma grande universidade ou uma faculdade pequena, descobri que a mesma fração σ dos professores é estúpida. Fiquei tão pasmo com o resultado que tomei a decisão excepcional de estender minha pesquisa a um grupo especialmente selecionado, a uma verdadeira elite, os vencedores do Nobel. O resultado confirmou os poderes supremos da natureza: uma fração σ dos premiados com o Nobel é estúpida.

Essa ideia foi difícil de aceitar e digerir, mas um número muito grande de resultados experimentais provou sua veracidade fundamental. A Segunda Lei Fundamental é uma lei de ferro, e ela não admite exceções. O movimento de liberação feminina vai apoiar a Segunda Lei Fundamental, pois ela mostra que indivíduos estúpidos são proporcionalmente tão numerosos entre homens quanto entre mulheres. Os subdesenvolvidos do Terceiro Mundo provavelmente vão encontrar consolo na Segunda Lei Fundamental, pois podem descobrir nela a prova de que, afinal de contas, os desenvolvidos não são tão desenvolvidos. Entretanto, gostando-se ou não da Segunda Lei Fundamental, suas implicações são assustadoras: a lei implica que se você anda pelas altas rodas ou se refugia entre os caçadores de cabeça da Polinésia, se você se tranca em um mosteiro ou decide passar o resto da vida na companhia de mulheres bonitas e lascivas, sempre terá de encarar o mesmo percentual de pessoas estúpidas – e esse percentual (de acordo com a Primeira Lei) sempre vai superar suas expectativas.

Capítulo III

Um interlúdio técnico

A essa altura, é imprescindível elucidar o conceito de estupidez humana e definir o *dramatis persona*.

Indivíduos são caracterizados por níveis diferentes de propensão a socializar. Há aqueles para quem qualquer contato com outros indivíduos é uma necessidade dolorosa. Eles literalmente precisam aguentar as pessoas, e as pessoas precisam aguentá-los. No outro extremo do espectro, há indivíduos que não conseguem de jeito nenhum viver sozinhos e estão até mesmo dispostos a passar tempo na companhia de pessoas de quem não gostam de verdade em vez de ficar sozinhos. Entre esses dois extremos, há uma variedade enorme de condições, embora de longe a maioria das pessoas esteja mais perto do tipo que não consegue enfrentar a solidão do que do tipo que não tem prazer em relacionamentos com humanos. Aristóteles reconheceu esse fato quando escreveu que "O homem é um animal social", e a validade dessa afirmação é demonstrada pelo fato de nos movimentarmos em grupos sociais, por haver mais pessoas casadas que solteirões e solteironas, por tanto dinheiro e tempo serem desperdiçados em festas cansativas e entediantes e por a palavra "solidão" normalmente carregar uma conotação negativa.

Pertencendo ao tipo ermitão ou ao tipo *socialite*, lida-se com pessoas, embora com intensidades diferentes. Até os ermitões de vez em quando se encontram com pessoas. Além disso, evitar os seres humanos também os afeta. O que eu podia ter feito para um indivíduo ou um grupo mas não fiz tem um custo-oportunidade (ou seja, uma perda ou um ganho perdido) para essa pessoa ou grupo em particular. A moral da história é que cada um de nós tem um balanço atualizado com todas as outras pessoas. A ação ou a inação de cada um de nós resulta em um ganho ou uma perda e, ao mesmo tempo, causa um ganho ou uma perda a outra pessoa. Perdas e ganhos podem ser convenientemente representados em um gráfico, e a Figura 1 mostra o gráfico básico a ser usado com esse objetivo.

O gráfico se refere a um indivíduo – digamos, Tom. O eixo X representa o ganho que Tom obtém de suas ações. No eixo Y, o gráfico mostra o ganho que outra pessoa ou grupo de pessoas obtém das ações de Tom. Ganhos podem ser positivos, zero ou negativos – um ganho negativo sendo, na verdade, uma perda. O eixo X representa os ganhos positivos de Tom à direita do ponto *O*, enquanto as perdas de Tom encontram-se à esquerda do ponto *O*. O eixo *Y* representa os ganhos e as perdas da pessoa ou os indivíduos com quem Tom lidou respectivamente acima e abaixo do ponto *O*.

Para deixar tudo isso claro, vamos criar um exemplo hipotético e fazer referência à Figura 1.

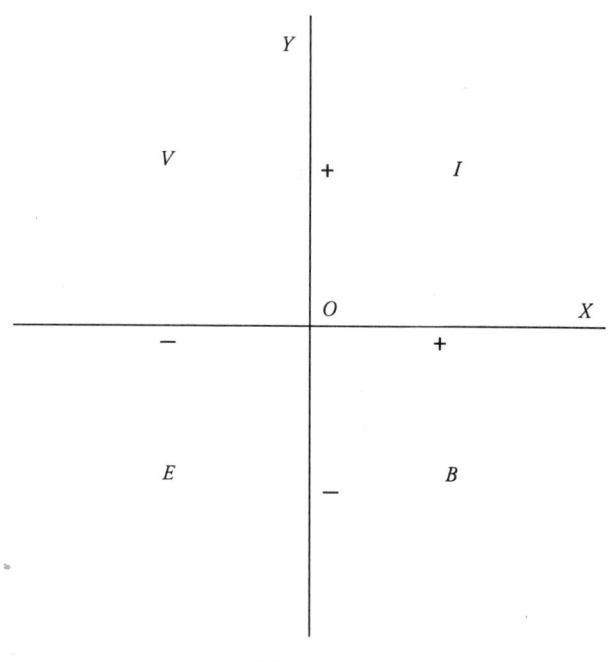

Figura 1

Tom empreende uma ação que afeta Dick. Se Tom obtém um ganho dessa ação, e Dick, com a mesma ação, sofre uma perda, a ação vai ser registrada no gráfico por um ponto em algum lugar da área B.

Perdas e ganhos podem ser registrados nos eixos X e Y em dólares ou em euros, se quiserem, mas também é necessário incluir recompensas e satisfações psicológicas e emocionais, assim como estresses psicológicos e emocionais. Esses valores são intangíveis e muito difíceis de medir segundo padrões objetivos. A análise custo-benefício pode ajudar a resolver o problema, embora não completamente, mas não quero incomodar o leitor com essas tecnicalidades: uma margem de imprecisão pode afetar a medição, mas não afeta a essência do argumento. Uma coisa, porém, precisa ser esclarecida. Ao levar em conta as ações de Tom, utiliza-se os valores de Tom, mas é necessário contar com os valores de Dick, e não com os de Tom, para determinar os ganhos de Dick (sejam eles positivos ou negativos). Com muita frequência essa regra de justiça é esquecida, e muitos problemas surgem da não aplicação desse ponto de vista essencialmente cortês. Vou recorrer uma vez mais a um exemplo banal. Tom acerta Dick na cabeça e fica satisfeito com essa ação. Ele pode fingir que Dick adorou apanhar na cabeça. Dick, entretanto, talvez não compartilhe do ponto de vista de Tom. Na verdade, ele pode ver o golpe em sua cabeça como um acontecimento desagradável. Se a pancada na cabeça foi um ganho ou uma perda para Dick, cabe a Dick decidir, não a Tom.

Capítulo IV

A Terceira Lei Fundamental (de Ouro)

A Terceira Lei Fundamental pressupõe, embora não declare isso explicitamente, que os seres humanos classificam-se em quatro categorias básicas: o inteligente, o vulnerável, o bandido e o estúpido. O leitor perspicaz vai reconhecer com facilidade que essas quatro categorias correspondem às quatro áreas *I*, *V*, *B* e *E* do gráfico básico (ver Figura 1).

Se Tom empreende uma ação e sofre uma perda enquanto produz um ganho para Dick, a marca de Tom vai cair no campo *V*: Tom agiu de forma vulnerável. Se Tom empreende uma ação por meio da qual ele obtém um ganho enquanto gera um ganho também para Dick, a marca de Tom vai cair na área I: Tom agiu com inteligência. Se Tom empreende uma ação por meio da qual obtém um ganho provocando uma perda para Dick, a marca de Tom vai cair na área B: Tom agiu como um bandido. A estupidez está relacionada à área E e a todas as posições no eixo Y, abaixo do ponto O.

Como a Terceira Lei Fundamental esclarece explicitamente:

> "Uma pessoa estúpida é uma pessoa que provoca perdas para outra pessoa ou um grupo de pessoas enquanto não obtém nenhum ganho para si mesma, e possivelmente incorre em perdas."

Quando confrontadas pela primeira vez com a Terceira Lei Fundamental, pessoas racionais reagem instintivamente com sentimentos de ceticismo e incredulidade. O fato é que pessoas sensatas têm dificuldades para conceber e entender comportamentos irracionais. Mas vamos abandonar o plano elevado da teoria e olhar de forma pragmática para nossa vida diária. Todos nos lembramos de ocasiões em que uma pessoa fez uma ação que resultou em seu ganho e em nossa perda: nós tivemos de lidar com um bandido. Nós também nos lembramos de casos em que uma pessoa fez uma ação que resultou em sua perda e em nosso ganho: lidamos com uma pessoa vulnerável.* Nós podemos nos lembrar de casos nos quais uma pessoa fez uma ação por meio da qual os dois lados ganharam: ela era inteligente. Esses casos realmente ocorrem. Mas, após uma reflexão profunda, é preciso admitir que esses não são os aconte-

---

* Observe a qualificação "uma pessoa *fez* uma ação". O fato de *ela* ter feito a ação é decisivo para determinar que ela é vulnerável. Se *eu* fizesse a ação que resultasse em meu ganho e em sua perda, então o julgamento seria diferente: *eu* seria um bandido.

cimentos que pontuam com maior frequência a nossa vida diária. Nossa vida diária é feita principalmente de casos nos quais perdemos dinheiro e/ou tempo e/ou energia e/ou apetite, alegria e boa saúde devido à ação improvável de alguma criatura afrontosa que não tem nada a ganhar – e na verdade não ganha nada – por nos provocar embaraços e dificuldades ou nos causar o mal. Ninguém sabe, entende, nem consegue explicar por que essa criatura afrontosa faz o que faz. Na verdade, não há explicação. Melhor, há uma única explicação: a pessoa em questão é estúpida.

Capítulo V

Distribuição de frequência

A maioria das pessoas não age com consistência. Sob determinadas circunstâncias, uma determinada pessoa age com inteligência e sob outras diferentes a mesma pessoa vai agir de forma vulnerável. A única exceção importante a essa regra é representada pela pessoa estúpida que normalmente demonstra um forte pendor na direção da consistência perfeita em todos os campos do empreendimento humano.

Após tudo o que foi dito, não é verdade que podemos representar no gráfico apenas indivíduos estúpidos. Podemos calcular para cada pessoa sua posição média ponderada no plano da Figura 1 de forma bastante independente de seu nível de inconsistência. Uma pessoa vulnerável pode eventualmente se comportar de maneira inteligente, e de vez em quando pode empreender uma ação de bandido. Mas como a pessoa em questão é fundamentalmente vulnerável, a maioria de suas ações vai ter características de vulnerabilidade. Assim, a média geral ponderada de todas as ações dessa pessoa vai colocá-la no quadrante *V* do gráfico básico.

O fato de ser possível colocar no gráfico indivíduos em vez de suas ações permite uma digressão sobre a frequência dos tipos bandido e estúpido.

O bandido perfeito é aquele que, com suas ações, causa a outros indivíduos perdas iguais a seus ganhos. O tipo mais rasteiro de banditismo é o roubo. Uma pessoa que rouba 100 libras de você sem causar nenhuma perda ou dano extra é um bandido perfeito: você perde 100 libras, ele ganha 100 libras. No quadro básico, o bandido perfeito estaria em uma linha diagonal com um ângulo de 45° que divide a área *B* em duas subáreas perfeitamente simétricas (linha *OM* da Figura 2).

Entretanto, os bandidos "perfeitos" são relativamente poucos. A linha *OM* dividiu a área *B* em duas subáreas, *BI* e *BE*, e grande parte dos bandidos cai, de longe, em algum lugar de uma dessas duas subáreas.

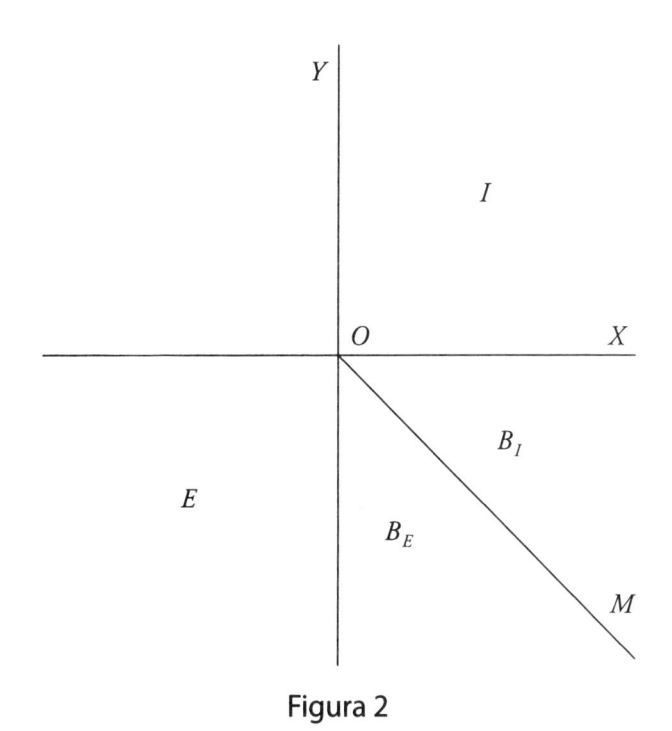

Figura 2

Os bandidos que caem na área *BI* são aqueles indivíduos cujas ações lhes rendem lucros maiores que as perdas que causam a outras pessoas. Todos os bandidos designados a uma posição na área *BI* são bandidos com matizes de inteligência e, à medida que se aproximam do lado direito do eixo X, eles têm cada vez mais características de uma pessoa inteligente. Infelizmente, os indivíduos com uma posição na área *BI* não são muito numerosos. A maioria dos bandidos na verdade cai na área *BE*. Os indivíduos que caem nessa área são aqueles cujas ações lhes rendem ganhos inferiores às perdas infligidas a outras pessoa. Se alguém mata você para roubar 50 libras, ou se esse indivíduo mata você para passar um fim de semana com sua mulher em Monte Carlo, podemos ter certeza de que ele não é um bandido perfeito. Mesmo usando os valores *dele* para medir os ganhos *dele* (mas ainda usando *seus* valores para avaliar *suas* perdas), ele cai na área *BE* muito perto do limite da estupidez absoluta. Generais que causam grandes destruições e incontáveis baixas em troca de uma promoção ou uma medalha caem na mesma área.

A distribuição da frequência das pessoas estúpidas é totalmente diferente daquela dos bandidos. Enquanto os bandidos, em sua maioria, estão espalhados em uma área, pessoas estúpidas ficam fortemente concentradas ao longo de uma linha, especialmente o eixo *Y* abaixo do ponto *O*. A razão para isso é que, de longe, um grande número das pessoas estúpidas é básica e fortemente estúpida – em outras palavras, elas insistem e perseveram em causar danos e perdas a outras pessoas sem obter nenhum ganho, seja positivo ou negativo. Há, entretanto, pessoas que, devido a suas ações improváveis, não apenas causam danos a outras pessoas, mas também ferem a si mesmas. Elas são uma espécie de superestúpidos que, em nosso sistema de contabilidade, vão aparecer em algum lugar na área E à esquerda do eixo Y.

Capítulo VI

Estupidez e poder

Como todas as criaturas humanas, as pessoas estúpidas também variam enormemente em sua capacidade de afetar outros humanos. Algumas pessoas estúpidas normalmente causam apenas perdas limitadas, enquanto outras obtêm um sucesso flagrante em causar danos vastos e horríveis não apenas a um ou dois indivíduos, mas a comunidades ou sociedades inteiras. O potencial de dano da pessoa estúpida depende de dois fatores principais. Primeiro, depende do fator genético. Alguns indivíduos herdam doses excepcionais do gene da estupidez e, em virtude dessa herança, desde o nascimento pertencem à elite de seu grupo. O segundo fator que determina o potencial de uma pessoa estúpida está relacionado à posição de poder e importância que ela ocupa na sociedade. Não é muito difícil encontrar entre burocratas, generais, políticos e chefes de Estado exemplos claros de indivíduos basicamente estúpidos cuja capacidade de causar danos era (ou é) aumentada de forma alarmante pela posição de poder que ocupavam (ou ocupam). Dignitários religiosos não devem ser esquecidos.

A pergunta que pessoas sensatas fazem com frequência é como e por que pessoas estúpidas conseguem alcançar posições de poder e relevância.

Classe e casta eram os arranjos sociais que favoreciam o fornecimento constante de pessoas estúpidas para posições de poder na maioria das sociedades do mundo pré-industrial. A religião era outro fator de contribuição. No mundo moderno industrial, classe e casta foram banidas tanto como palavras quanto como conceitos, e a religião está desaparecendo. Mas no lugar de classe e casta, temos partidos políticos e burocracia, e no lugar da religião, temos a democracia. Em um sistema democrático, eleições gerais são um instrumento extremamente eficaz para assegurar a preservação de uma fração σ em meio aos poderosos. É preciso ter em mente que, de acordo com a Segunda Lei Fundamental, a fração σ da população votante corresponde a pessoas estúpidas, e eleições oferecem a todas elas uma oportunidade magnífica de fazer mal a todas as outras pessoas sem ganhar nada por sua ação. Ao fazer isso, elas contribuem para manter o nível σ entre aqueles que estão no poder.

Capítulo VII

O poder da estupidez

Não é difícil entender como o poder social, político e institucional aumenta o potencial que uma pessoa estúpida tem de causar danos. Mas ainda é preciso explicar e entender o que, essencialmente, torna uma pessoa estúpida perigosa para outras pessoas – ou seja, no que constitui o poder da estupidez.

Pessoas essencialmente estúpidas são perigosas e prejudiciais porque pessoas racionais acham difícil imaginar e compreender o comportamento irracional. Uma pessoa inteligente pode entender a lógica de um bandido. As ações do bandido seguem um padrão de racionalidade: uma racionalidade suja, se você preferir, mas ainda assim racionalidade. O bandido quer um extra em sua conta. Como ele não é inteligente o suficiente para inventar formas de obter esse extra e ao mesmo tempo proporcionar um extra a você, ele vai produzir seu extra fazendo com que um valor negativo apareça em sua conta. Tudo isso é ruim, mas é racional, e se você é racional, pode prever isso. Você pode antever as ações de um bandido, suas manobras sujas e aspirações hediondas, e com frequência consegue erguer suas defesas.

Com uma pessoa estúpida, tudo isso é absolutamente impossível, como explicado pela Terceira Lei Fundamental. Uma criatura estúpida vai molestar você sem nenhuma razão, por nenhuma vantagem, sem nenhum plano ou esquema e nos momentos e lugares mais improváveis. Você não tem um meio racional de dizer se, quando, como e por que a criatura estúpida ataca. Quando você se depara com um indivíduo estúpido, fica completamente à mercê dele.

Como as ações da pessoa estúpida não estão de acordo com as leis da racionalidade, é verdade que:

a) Uma pessoa geralmente é pega de surpresa pelo ataque.
b) Mesmo quando uma pessoa toma consciência do ataque, não consegue organizar uma defesa racional, porque o ataque em si não tem nenhuma estrutura racional.

O fato de a atividade e os movimentos de uma criatura estúpida serem absolutamente instáveis e irracionais não apenas tornam a defesa problemática, mas também fazem com que qualquer contra-ataque seja extremamente difícil – como tentar atirar em um objeto capaz dos movimentos mais improváveis e inimagináveis. É isso o que Dickens e Schiller tinham em mente quando o primeiro disse que "com estupidez e boa digestão, um homem pode ousar muita coisa", e o segundo escreveu que "contra a estupidez, os próprios Deuses lutam em vão".

Capítulo VIII

A Quarta Lei Fundamental

Não é surpresa que as pessoas vulneráveis, principalmente aquelas que em nosso sistema de contabilidade situam-se na área *V*, não reconheçam o quanto pessoas estúpidas são perigosas. Essa falha é apenas mais uma expressão de sua vulnerabilidade. O fato realmente impressionante, entretanto, é que pessoas inteligentes e bandidos também costumam não reconhecer o poder de causar danos inerente à estupidez. É extremamente difícil explicar por que isso acontece, e é possível apenas observar que, quando confrontadas com indivíduos estúpidos, pessoas inteligentes, assim como bandidos, costumam cometer o erro de se permitirem ter sentimentos de complacência e desdém, em vez de secretar quantidades adequadas de adrenalina e erguer defesas imediatamente.

Fica-se tentado a acreditar que um homem estúpido só vai causar mal a si mesmo, mas isso é confundir estupidez com vulnerabilidade. De vez em quando, alguém pode cair na tentação de se associar a um indivíduo estúpido para utilizá-lo em seus próprios esquemas. Tal manobra só pode ter efeitos desastrosos, porque a) ela se baseia em uma incompreensão absoluta da natureza essencial da estupidez e b) dá à pessoa estúpida um escopo aumentado para o exercício de seus dons. É possível ter esperanças de tirar proveito do estúpido, e, até certo ponto, é realmente possível fazer isso. Mas devido ao comportamento instável do estúpido, não se pode prever todas as suas ações e reações, e em pouco tempo a pessoa vai ser pulverizada pelos movimentos imprevisíveis do parceiro estúpido.

Isso fica claramente resumido na Quarta Lei Fundamental, que afirma que:

> "Pessoas não estúpidas sempre subestimam o poder de causar danos dos indivíduos estúpidos. Em particular, pessoas não estúpidas se esquecem constantemente de que em todo momento e lugar, e sob qualquer circunstância, lidar e/ou se associar com pessoas estúpidas resulta infalivelmente em um erro altamente custoso."

Ao longo dos séculos e milênios, tanto na vida pública quanto na vida privada, inúmeros indivíduos deixaram de levar em conta a Quarta Lei Fundamental, e essa falha acarretou perdas incalculáveis para a humanidade.

Capítulo IX

Macroanálise e a Quinta Lei Fundamental

A reflexão com a qual o capítulo anterior foi concluído é propícia a um macrotipo de análise no qual, em vez de se levar em conta o bem-estar do indivíduo, leva-se em conta o bem-estar da sociedade, visto nesse contexto como a soma algébrica das condições individuais. Um entendimento completo da Quinta Lei Fundamental é essencial para a análise. Aqui deve-se acrescentar um parêntese: das Cinco Leis Fundamentais, a Quinta é sem dúvida a mais conhecida e seu corolário é citado com grande frequência. A Quinta Lei Fundamental diz que:

"Uma pessoa estúpida é o tipo mais perigoso de pessoa."

O corolário da lei diz que:

"Uma pessoa estúpida é mais perigosa do que um bandido."

A formulação da lei e de seu corolário ainda é de microtipo. Entretanto, como indicado acima, a lei e seu corolário têm as implicações mais amplas de uma macronatureza.

A questão essencial para se ter em mente é esta: o resultado da ação de um bandido perfeito (a pessoa que cai sobre a linha *OM* da Figura 2) é pura e simplesmente uma transferência de riqueza e/ou bem-estar. Depois da ação de um bandido perfeito, este ganha um extra em sua conta, e esse extra é o equivalente exato do efeito negativo que causou à outra pessoa. A sociedade como um todo não fica nem melhor nem pior.

Se todos os membros de uma sociedade fossem bandidos perfeitos, ela permaneceria estagnada, mas não haveria nenhum grande desastre. Todo o negócio seriam transferências enormes de riqueza e bem-estar em favor daqueles que empreendessem as ações. Se todos os membros da sociedade fizessem ações em turnos regulares, não apenas a sociedade como um todo, mas também indivíduos se veriam em um estado de não mudança perfeitamente constante.

Quando pessoas estúpidas estão em ação, a história é totalmente diferente. Pessoas estúpidas causam perdas a outras pessoas sem contrapartida de ganhos para si mesmas. Assim, a sociedade como um todo fica empobrecida.

O sistema de contabilidade expresso nos gráficos básicos mostra que enquanto todas as ações de indivíduos situados à direita da linha *POM* (ver Figura 3) acrescentam ao bem-estar de uma sociedade – embora em diferentes

Figura 3

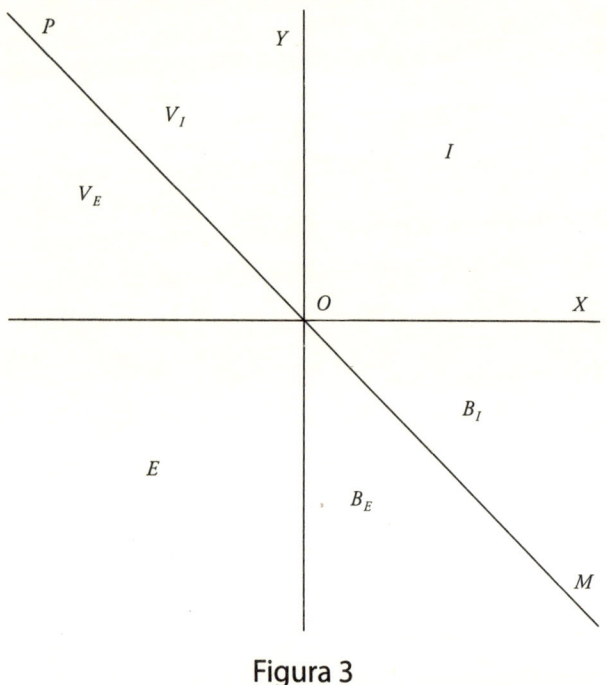

graus –, as ações de todos os indivíduos localizados à esquerda da mesma linha *POM* causam deterioração.

Em outras palavras, os vulneráveis com toques de inteligência (área *VI*), os bandidos com toques de inteligência (área *BI*) e, acima de tudo, os inteligentes (área *I*), todos contribuem, embora em níveis diferentes, para o aumento da riqueza de uma sociedade. Por outro lado, os bandidos com toques de estupidez (área *BE*) e os vulneráveis com toques de estupidez (área *VE*) conseguem acrescentar perdas àquelas causadas por pessoas estúpidas, aumentando assim o poder destrutivo nefasto desse último grupo.

Tudo isso sugere alguma reflexão sobre o desempenho de sociedades. De acordo com a Segunda Lei Fundamental, a fração de pessoas estúpidas é uma constante σ que não é afetada por tempo, espaço, raça, classe ou qualquer outra variável sociocultural ou histórica. Seria um grande erro acreditar que o número de pessoas estúpidas em uma sociedade em declínio é maior que em uma sociedade em desenvolvimento. As duas sociedades são assoladas pelo mesmo percentual de pessoas estúpidas. A diferença entre as duas sociedades é que, na sociedade de desempenho ruim:

a) Os membros estúpidos são autorizados pelos outros membros a se tornarem mais ativos e efetuarem mais ações.
b) Há uma mudança na composição da seção não estúpida com um declínio relativo da população das áreas *I*, *VI* e *BI*, e um aumento proporcional da população das áreas *VE* e *BE*.

Essa estimativa teórica é vastamente confirmada por uma análise exaustiva de casos históricos. Na verdade, a análise histórica nos permite reformular as conclusões teóricas de forma mais factual e com mais detalhes realísticos.

Levando-se em conta os períodos clássico, medieval, moderno ou contemporâneo, impressiona o fato de que qualquer país em ascensão tem sua fração σ inevitável de pessoas estúpidas. Entretanto, o país em ascensão também possui uma fração elevada de pessoas inteligentes que conseguem manter a fração σ sob controle e, ao mesmo tempo, produzem ganhos suficientes para si mesmas e para os outros membros da comunidade fazerem do progresso uma certeza.

Em um país em declínio, a fração de pessoas estúpidas ainda é igual a σ; entretanto, no restante da população, percebe-se entre aqueles que estão no poder uma proliferação alarmante dos bandidos com toques de estupidez (subárea *BE* do quadrante *B* na Figura 3), e em meio àqueles que não estão no poder um crescimento alarmante no número de indivíduos vulneráveis (área *V* no gráfico básico, Figura 1). Essa mudança na composição da população não estúpida reforça inevitavelmente o poder destrutivo da fração σ e faz do declínio uma certeza. E o país vai para o buraco.

Apêndice

Nas páginas a seguir, o leitor vai encontrar alguns gráficos básicos que podem ser usados para registrar as ações de indivíduos ou grupos com os quais ele está lidando no momento. Isso vai possibilitar ao leitor produzir avaliações úteis dos indivíduos ou grupos sob escrutínio e permitirá a adoção de uma linha de ação racional.

Nomes

$X =$ _____

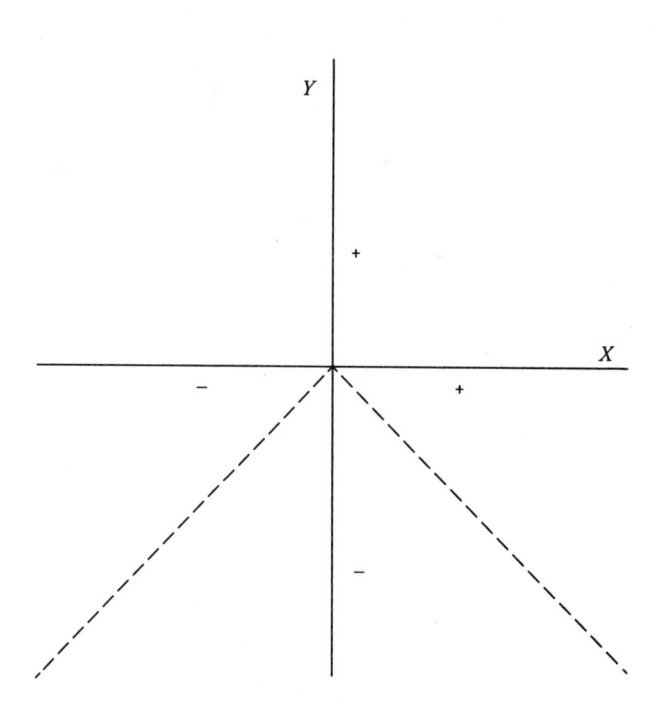

$Y =$ (O leitor)

Nomes

$X =$ _____

$Y =$ (O leitor)

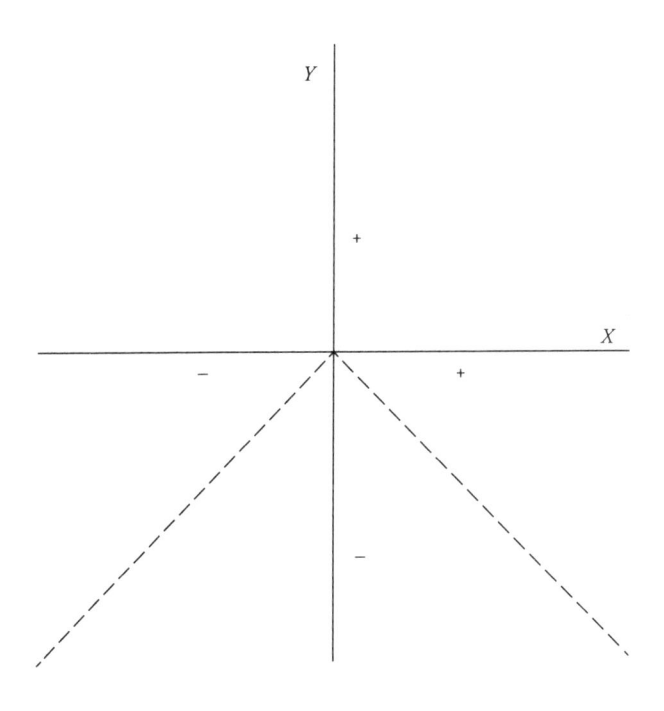

Nomes

$X = $ _____

$Y = $ (O leitor)

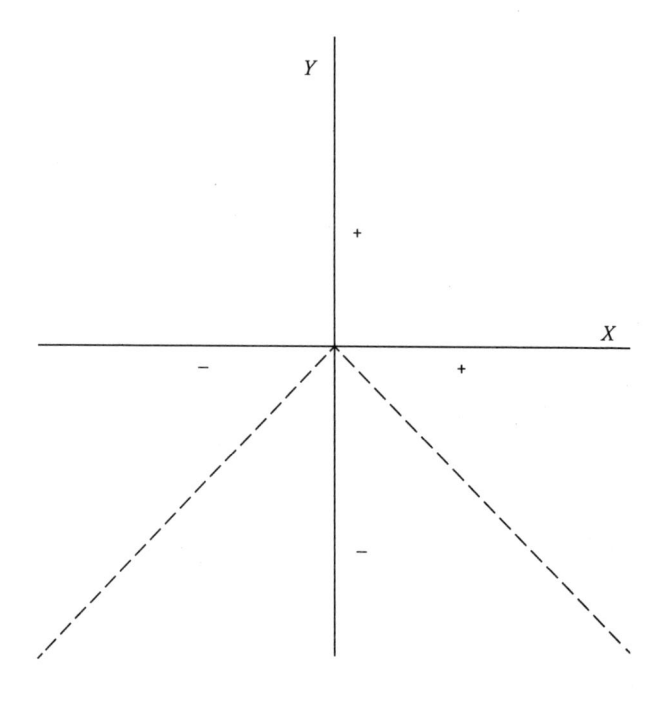

Nomes

$X =$ _____

$Y =$ (O leitor)

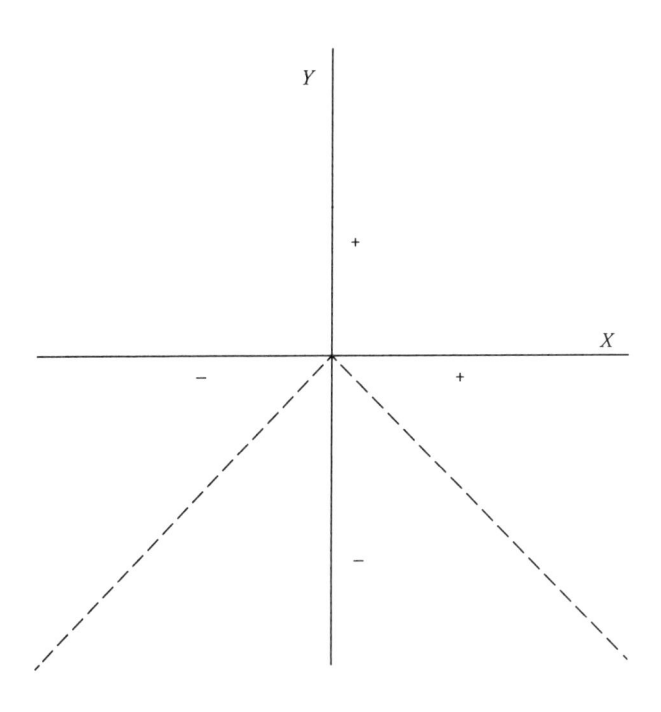

**Acreditamos
nos livros**

Este livro foi composto em Libre Castlon
e impresso pela Geográfica para a Editora
Planeta do Brasil em abril de 2025.